शून्य के आभासः जीवन-मृत्यु की साक्षी यात्र

समय, स्मृति और संवेदना की काव्यधारा – तीन दशकों का संग्रह (1995-2025)

डॉ. बीना शर्मा

BookLeaf Publishing
India | USA | UK

Made with ❤ on the BookLeaf Publishing Platform
www.bookleafpub.in
www.bookleafpub.com

Dedication

समर्पण (Dedication)

अपार प्रेम और श्रद्धा के साथ हम यह कविता-संग्रह अपनी प्रिय माँ, **डॉ. बीना शर्मा** (1937–2025) को समर्पित करते हैं।

वह पेशे से शिशु रोग विशेषज्ञ थीं और हृदय से एक सच्ची कवयित्री। जीवन के हर मोड़ पर उन्होंने शब्दों और संवेदनाओं को **साँस की तरह जिया [साँसों की तरह जीवन में पिरोया]।**

यह पुस्तक उनके उस आजीवन स्वप्न की पूर्ति है, जो वह हमेशा जीते-जी संजोए रहीं—अपनी कविताओं को दुनिया तक पहुँचाना। यद्यपि हम यह उनके सामने न कर सके, पर आज यह संग्रह [*उनके*] प्रेम और यादों के साथ पाठकों के लिए प्रस्तुत है।

— उनकी बेटियाँ

Preface

प्रस्तावना

यह पुस्तक केवल कविताओं का संकलन भर नहीं है, यह एक जीवन-यात्रा का साक्ष्य है - हमारी माँ **डॉ. बीना शर्मा (1937–2025)** की आत्मा की गूँज।

माँ का पूरा जीवन सेवा, करुणा और संवेदना से भरा था। एक शिशु रोग विशेषज्ञ के रूप में उन्होंने असंख्य बच्चों और परिवारों को जीवन का आश्वासन दिया, और एक कवयित्री के रूप में उन्होंने स्वयं को शब्दों में व्यक्त कर अनगिनत हृदयों को छुआ। कविता उनके लिए केवल अभिव्यक्ति नहीं, बल्कि जीवन का दूसरा नाम थी—हर साँस, हर स्पर्श, हर आहट में कविता उनके साथ बहती थी।

उनकी गहरी इच्छा थी कि उनकी कविताएँ एक दिन पुस्तक के रूप में आपके हाथों तक पहुँचें। वह स्वप्न उनके जीवनकाल में पूरा न हो सका, लेकिन आज हम यह संग्रह पाठकों के सामने उसी प्रेम व आस्था के साथ प्रस्तुत कर रहे हैं, जिसके साथ उन्होंने इन्हें लिखा।

इन कविताओं में कहीं ज्योति है, कहीं सुगंध, कहीं नदी की धार का प्रवाह है, तो कहीं क्षितिज के पार झाँकती आँखों की चमक। यह संग्रह एक आत्मा के अनुभव की यात्रा है, जो ठहरती नहीं, हर क्षण बहती रहती है।

हम आशा करते हैं कि पाठक इन कविताओं में केवल शब्द नहीं, बल्कि उनके पीछे की आत्मा, करुणा और जीवन के गहरे स्पर्श को

महसूस करेंगे।

यह पुस्तक हमारे लिए माँ की स्मृति है और आपके लिए एक आमंत्रण - उनकी दुनिया में प्रवेश करने का।

-उनकी बेटियाँ

Acknowledgements

आभार

हम हृदय से कृतज्ञ हैं -

- अपने सभी परिवारजनों, मित्रों और शुभचिंतकों के, जिन्होंने हमें यह स्वप्न पूरा करने की शक्ति दी।
- उन शिक्षकों, **रोगियों** [इलाज के इच्छुक बच्चे और उनके संरक्षकों] और सहकर्मियों के, जिनके जीवन-स्पर्श ने माँ की संवेदनाओं को शब्दों में ढालने में प्रेरणा दी।
- उन सभी संपादकों, डिज़ाइनरों और प्रकाशकों के, जिनके धैर्य और मार्गदर्शन से यह पुस्तक साकार हो सकी।

सबसे अधिक आभार हम अपनी माँ के जीवन और आत्मा को देते हैं - जिनकी कविताएँ, उनकी करुणा और उनकी दिव्य दृष्टि हमें सदा मार्ग दिखाती रहेंगी।

यह पुस्तक हमारे लिए विदाई भी है और एक पुनर्मिलन भी।

हम प्रार्थना करते हैं कि उनकी कविताएँ हर उस हृदय तक पहुँचें, जहाँ वे पहुँचना चाहती थीं।

-उनकी बेटियाँ

1. वह कौन हैं जो पास होकर भी केवल पास का आभास है

वह कौन हैं जो पास होकर भी केवल पास का आभास है?
कौन कहता है कुछ नहीं हो तुम?
बस साँस की रखवार हो तुम।

शक्ति की धार में बहती हुई एक बूँद हूँ मैं,
देख सकती क्षितिज पार तक—आँख की वह ज्योति हूँ मैं।
दूर से आती हवा की झोंक में स्पर्श हूँ मैं,
खेलते हुए रंगीन फूलों में इठलाती हुई सुगंध हूँ मैं।

नदी की धार में समाई हुई जल की हर बूँद हूँ मैं,
हर पल तुम्हारे स्पर्श का आभास—वह आनंद हूँ मैं।
वह कौन हो तुम जो पास होकर भी
केवल पास का आभास हो?

2. जो सर्वव्यापी है उसी का तो आभास हो तुम

किस सोच में हो तुम,
किस खोज में हो तुम?
जिस निराकार को ढूँढ़ते हो तुम,
उसी का तो आकार हो तुम।

क्यों भटक-भटक कर बर्बाद करते हो समय?
जो सर्वव्यापी है, उसी का तो आभास हो तुम॥

3. क्या सच है? है कोई ऐसी पहचान?

यह मैं कब क्यों कैसे -
अशांत जगत क्यों लगता है?
हाड़-मांस का बना भूत यह,
साँस सभी तो लेते हैं।

प्राण वायु तो समदर्शी है,
जीवन का संदेश लेकर
हर ओर लहरती रहती है।
यह मैं.....

बना भूत यह पंच तत्वों से,
जल ही इसका मान।
बूँद-बूँद फैली हैं जल की,
वर्षा बन देती जीवन दान।
करती नहीं दुराव किसी से,
देती सबको जीवन दान।
यह मैं....

ऊर्जा सूरज की सब में है,

सबको मिलता भाग समान।
तपन अग्नि से मिलती है,
सब पर करती कृपा महान।
यह मैं.....

हम सब बने एक माटी से,
सबकी है वह पहचान।
अनजाने ही जो देती है
परोपकार और धैर्य की शान।
यह मैं......

विस्तृत फैले नीलम की,
क्या बँट सकती छाया उसकी?
भरे हुए सबको बाहों में,
देता शांति अनंत अगाध।
यह मैं - कब क्यों कैसे?

कैसा प्रश्न उठा यह मन में -
मैं कौन? कहाँ? कैसे?
क्या सच है?
है कोई ऐसी पहचान?

4. निराकार के आकार ही तो हैं हम

शून्य को समर्पित कर,
अपनी शून्यता साकार कर लो।
भर लो झोली कर्तव्य से,
दूर कर "मैं" की बोली।

कौन कहता है अकेले हैं हम?
निराकार के आकार ही तो हैं हम।

5. हँसते रहो तुम स्वप्न में भी

हँसते रहो तुम स्वप्न में भी,
"शून्य" पर विश्वास करके।
हँस भी लो, रो भी लो,
बस शून्य को साथ ले।

कब, कहाँ, कोई, कैसी लहर
बहा ले इस शरीर को,
भूल जाएँगे सभी तब
इस प्राण को, इस नाम को।

मन में रखो सदा ही शून्य को,
जो मिला दे "उस" हर साँस को॥

6. सब शून्य में समाकर शून्य हो गई

शून्य बनकर शून्यता में खो गए,
शून्य थे विचार जब, शून्यता थी हृदय में।
शून्य में आँसू बहाकर शून्यता से सिहर गए।

पर्वत-सी ऊँचाई ख्यालों की,
धरती-सा धीरज मन का,
शून्यता से टकराकर शून्यता में समा गए।

शून्यता का वाहन मिला,
शून्य ही मंज़िल मिली।
ज्योति आँखों की, धड़कन हृदय की,
सब शून्य में समाकर शून्य हो गई॥

7. बढ़ जाएगा मान तुम्हारा शून्य से

शून्य को जोड़ा जब भी शून्य से,
बच रहा अनंत में शून्य ही।
शून्य को घटाया जब शून्य से,
बच रहा अंत में शून्य ही।

शून्य को गुणित किया शून्य से,
आया शून्य अंत में फिर भी,
बच रहा अंत में शून्य ही।
शून्य को विभाजित कर देखो शून्य से,
रह जाएगा अंत में शून्य ही।

करके देखो "उसे" आगे अपने से,
बढ़ जाएगा मान तुम्हारा शून्य से।
शून्य की प्रतिभा समझ लो शान से,
शून्य ही तो है जो न आदि है, न अंत है॥

8. हे शक्ति, कहाँ हो तुम?

शक्ति, तेरी उपासना करती रहूँगी, करती रहूँगी।
तू कौन है—यह मालूम नहीं,
तेरा रूप कैसा है—यह भी नहीं जानती।
पर तेरी अर्चना करती रहूँगी, करती रहूँगी।

प्रकृति के हर अंग में वास तेरा लगता मुझे।
सूर्य की किरणों में अस्तित्व तुम्हारा दिखता मुझे,
झिलमिलाती लगती हो।
अंधकार मिटाता तेरा अस्तित्व मन का, मार्ग प्रकाशित करता है।
दूर तक मन का अंधेरा, मार्ग दर्शन करती रहो।

चंद्रमा की चाँदनी भावनाएँ बिखेर-बिखेर लेती है,
समेट वेदना अपनी मुस्कान में।

शीतल पवन का स्पर्श, सुख अनंत का संदेश लगा देता है।
पंख नयनों में भरे सपनों को मन उड़ा ले जाता है,
फिर अपने नैहर बाबुल के देश।

पृथ्वी तो जननी सबकी,
धैर्य धारिणी माता।

पीड़ा सहकर भी धैर्य धारण ही रहती,
वन-उपवन की संभाले, संपदा देती है शीश।

जल की नन्ही-नन्ही बूँदें आँखों को बहलाती हैं,
ऊँची-नीची लहरें जल की मन को बहलाती हैं।
वर्षा के जल की लड़ियाँ तन को सहलाती हैं,
बहती नदियों का कल-कल जीवन गीत सुनाती हैं।

नहीं भूल पाते हैं तुमको, हर साँस तुम्हारी लगती है।
हे शक्ति, कहाँ हो तुम? क्या रूप तुम्हारा?
कौन हो तुम? हो कहाँ?
पकड़ लो हाथ हमारा।

दूर कर अंधकार मन का, ज्ञान का आशीष दो।
धो दो मन का कलुष, ज्ञान का वरदान दो।

9. देता खुशियों की मंडोली भर

आता है कोई रोते-रोते,
पर देता खुशियों की मंडोली भर।
छोटे-छोटे हाथ हिला वह,
करता स्वागत सबका है।

पैरों को चला-चला कर,
नाच नचाता अपनों को।
सोते-सोते मुस्कुराता है,
कभी-कभी हँस देता है।

घर-आँगन से भर देता है,
अपनी मोहक किलकारी से।
कजरारी आँखें खोल-मूँद,
सब रिश्तों को मन में ले लेता है।

बिन जाने, बिन पहचाने,
सबको बाहों में भर लेता है।
भूख लगे तो रोता है,
ख़ुश हो तब भी रोता है।
माँ को गले लगाने को,

शू-शू कर भी रोता है।

ऐसा मनमोहन, चंचल, नटखट,
सबका कृष्ण कन्हैया है।

10. हम तुम्हारी साँसों में समा जाएँगे

लुट जाएँगे, मिट जाएँगे,
पर तुम्हें न छोड़ेंगे।
होंठों से न पी पाए तो क्या?
आँखों से पी जाएँगे।

साँस तो लोगे ही तुम,
हम तुम्हारी साँसों में समा जाएँगे।
कहीं भी हों, जहाँ भी हो,
हर दर्द में हमें साथ पाओगे।

11. आज हमें कुछ कहना था

आज हमें कुछ कहना है,
होंठ हिले, दिल धड़क रहा है,
पर शब्द कहाँ से लाएँ?
आज हमें....

आँखों में आँसू खुशियों के,
मन में तूफ़ान है यादों का।
पर शब्द नहीं बन पाते हैं,
बयान तेज़ हैं यादों की।
आज हमें....

तुम सब मेरे सपने हो,
सपनों के पूरक हो तुम।
हर ख़ुशी तुम्हारी मेरी है,
बस पीड़ा सब मुझको दे दो।
प्यार तुम्हारा जीवन मेरा,
मान दिया वह है उपहार।
आज.....

मैंने केवल पाया है,

क्या दे पाए हैं हम तुमको?
यह कभी समझ न पाए।
हर जन्म हमारा ऐसा ही हो,
हर जन्म तुम्हारा साथ मिले।
तुम सबका यह प्यार घरोहर,
हर जन्म हमारे साथ रहे।

यह शब्दों की एक माला है,
हर मोती, तुम सबकी पहचान।
धागा इसका प्यार तुम्हारा,
संभवतः गाँठ है हमारी पहचान।

आज हमें कुछ कहना था,
पर भूल गए पाके प्यार तुम्हारा।

12. तन्हा रहा जाता नहीं

दूर से देखा तुम्हें,
मोहित तभी से हो गए।
हर पल क़दम बढ़ा रहा है,
पर दूरियाँ कम होती नहीं।

दूरियों से घबराते नहीं,
पर तन्हा रहा जाता नहीं।
पास आओ, बैठ लें...
कुछ बातें, कुछ इकरार हो।

कहाँ मिलेंगे? कैसे मिलेंगे?
कौन-सा लमहा भाएगा तुम्हें?
कब आओगे तुम तारों की डोली सजाकर?
चाँदनी की चादर उड़ाकर,
निर्वाण की शहनाई लेकर,
सत्य की मशाल लेकर,
भर लोगे मुझे बाहों में,
'अंत' का संदेश देकर॥

13. मौन आँसू

दिल टूटता है, बिलखता है।
मन बिफरता है, बिखरता है।
फिर स्वयं सब बटोरकर
मौन आँसू बहता है॥

14. थम गए आँसू

मालूम नहीं कब दूर से आई हवाएँ,
नींद मेरी ले गईं।
कर्तव्य की शिला पर थाप दे,
भावनाओं को सहमा गईं।

थम गए आँसू, गति हृदय की रुक गई,
साँस चलती रही, पर साँस रुकती गई।
शृंगार शब्दों का बना रहा,
पर आवाज़ छिपती गई।

कौन कैसे रोकता इस तूफ़ान को?
शान, सहारा शून्य में समा गया।
भावनाएँ टूटती गईं,
मन उन्हें सहलाता रहा।

जानकर भी कोई
बना अनजान,
अपनी राह चलता रहा।
कब कोई झेल पाया है तूफ़ान भावनाओं का?
धैर्य का बोध भी भरभराकर ढह गया॥

15. विचारों को थामें कैसे?

प्रवाह है आँसुओं में,
वेग है भावनाओं में।
विचारों को थामें कैसे?
यादों को भुलाएँ कैसे?

16. विडंबना कैसी तुम्हारी है महाशक्ति?

आज मेरी आँखों में आँसू कहाँ से आ गए,
और इन आँसुओं में तुम कहाँ से आ गए।

दूर तो चले गए थे, यह याद क्यों करा गई?
भूल कर रास्ता भटक, फिर भावनाएँ टकरा गईं।

विडंबना कैसी तुम्हारी है महाशक्ति?
जो दूर रहना चाहता है, बनाया उसको सहारा,
जो साथ था अपने, बुलाया उसको अपनी शरण।

17. क्यों अपने को बहका-बहका कर द्विविधा में भूल रहे?

क्यों बने थे हम सफ़र,
जब साथ चलना था नहीं?
कुछ क़दम यूँ साथ चलकर,
मुड़ गए क्यों राह में?

कौन ऐसा आ गया,
जो निगाहें चुरा कर चल दिए?
कैसे तुम कर पाए निरादर अपनों का?
किस कारण से कह पाए अपशब्द किन्हीं अपनों को?

कैसे तुम बहक गए झूठे वादों के शब्दों से?
क्यों अपने को बहका-बहका कर द्विविधा में भूल रहे?
क्यों नहीं पकड़ सकते अपनों का मन भावों के श्रृंगारों से?

18. क्या कभी याद आती है?

क्या कभी याद आती हैं
शोखियाँ, कसमें, वादों की?
क्या कभी सिहर जाते नहीं
भावनाओं की गुनगुनाहट से?

क्यों नहीं आँखें भरीं
याद कर बीते दिनों की?
बीती बातें उन रातों की।

दिन बीतते हैं, रातें जाती हैं,
पर ठहरकर यादें
आँखों में आँसू बन जाती हैं।

19. कुछ करते रहे सदा हँसने के लिए

ज़िंदगी को छोड़ो नहीं रोने के लिए,
कुछ करते रहो सदा हँसने के लिए।
स्रोत है शक्ति का हाथों में तुम्हारे,
विचार है अथाह कुछ करने के लिए।

रोको नहीं प्रवाह को, बहने दो,
करते रहो कुछ ऐसा,
जो बहाना हो जीने के लिए।

20. हम तो यूँ ही सो रहे हैं...

रो नहीं आँसू बहाकर, हम तो यूँ ही सो रहे हैं....
थक गए थे भावनाओं से,
हार कर कर्तव्य से,
हम तो यूँ ही.....

दूर हम तुमसे नहीं, न कभी हो पाएँगे,
याद जब आए कभी, ढूँढ लेना परछाईं में।
पाओगे सदा तुम पास अपने,
यूँ ही तुम्हें बहलाते हुए,
हम तो....

रीति प्रकृति की है, आवरण बदल हम आएँगे,
खेलेंगे आँगन में तुम्हारे,
सोएँगे तुम्हारी ही गोद में।

पोंछ कर आँसू हमारे,
गोद में बहलाओगे,
चॉकलेट दे हाथ में, 'गॉड ब्लेस' कह,
माथे पर चुंबन दे, सिर मेरा सहलाओगे।

रो नहीं आँसू बहाकर, हम तो यूँ ही सो रहे हैं।

21. मरने पर आँसू न बहाना

मरने पर आँसू न बहाना,
मरने से ही जीते हैं, सदा याद रखना।
सिर-सिर मुंडवाकर शोक न करना,
गर्व से कहना—जाने वाला कोई था अपना।

आँख में आएँ अगर दो आँसू कभी,
किसी ग़रीब को एक दाना दे देना।
पुरानी यादों को भुलाना न कभी,
उन यादों में ख़ुशी कुछ ढूँढ लेना।

मिलेंगे राह पर बहुत से हम सफ़र,
किसी गिरते हुए को उठा लेना।
यादों के आँसू आँखों में आने पर,
बहलाकर किसी बच्चे को फुसला लेना।

याद आई कभी तो चिड़ियों को दाना दे देना,
उनकी आवाज़ में मेरी भी आवाज़ सुन लेना।
वर्षा की बूँदों को छूकर मेरा मन सहला देना,
बिन रोए विदा करना, ख़ुश मन यादों में रखना।

यह शब्दों की एक माला है,
हर मोती, तुम सबकी पहचान।
धागा इसका प्यार तुम्हारा,
संभवतः गाँठ है हमारी पहचान।

www.ingramcontent.com/pod-product-compliance
Lightning Source LLC
LaVergne TN
LVHW022031200926
848481LV00007B/2649
9781807152390